Vamos y venimos

cyls
Editores

Vamos y venimos

Primera edición, 2005

© Cyls Editores C.A.

Avenida Viena, Qta. Tatita, La California Norte

Caracas 1070 - Venezuela

Telefax: (58-212) 239.2715, 414.8483

Telefax: (58-212) 239.6359

correo electónico: cylseditores@cantv.net

Edición dirigida por

Jeanette León

Dirección de colección y dirección creativa

Aquiles Esté

Coordinación editorial

Rafael Rodríguez Calcaño

Revisión y corrección general

Luisa Coronil

Diseño de colección

Elena Terife / Natalie Flores

Diagramación y montaje

Comunicación Central DCV C. A.

Texto

María Elena Huizi

Ilustración

Oswaldo Dumont

Impresión

D'Vinni

Hecho el depósito de ley

Depósito legal N° lf83020048001313

ISBN 980-6573056

Catalogación en fuente

Huizi, María Elena.

    Vamos y venimos / [texto, María Elena Huizi].

-- Caracas : Cyls Editores, 2005.

    ISBN 980-6573056

    1. Hombre – Migraciones – Historia – Literatura juvenil. I. Título.

304.809

H911

Vamos, venimos

En este libro encontrarás...

pág

Cómo y hacia dónde vamos

Grandes migraciones

Hace 1.000.000 de años
Migración de África a Europa.

Hace 50.000 años
Migración de Asia a América a través del estrecho de Bering.

800 a.C.
Migración celta a la Península Ibérica.

Año 43
Conquista de Britania por los romanos.

Año 711
España es ocupada por los árabes.

Año 1096
Los cruzados conquistan Jerusalén.

Año 1492
Comienza la gran migración de España a América.

Año 1502
Primeros esclavos africanos en América.

Año 1620
Llegan a Massachusetts los peregrinos del Mayflower.

Año 1100
Los vikingos dominan los mares con la vela y el timón que sustituye al remo.

Años 1400/1500
Carracas, carabelas, naos y galeones usan la brújula para navegar.

Año 1787
Barco de vapor.

Medios de transporte

3500 a.C.
En Mesopotamia se inventa la rueda y en Egipto los veleros.

312 a.C.
Primeras carreteras. Entre ellas, la Vía Appia de 210 kms.

3000 a.C.
Primeros caballos domesticados en Rusia, Mesopotamia, Asiria y Babilonia.

280 a.C.
Primer faro. Se llamó así pues se erigió en Pharos, Alejandría.

1800 a.C.
Primeras ruedas con radios.

Guerras, hambrunas, catástrofes naturales y persecuciones son las causas principales de las grandes migraciones. Sin embargo, no basta con la determinación de emigrar, se necesitan también los medios de transporte adecuados para alcanzar un nuevo horizonte. Como en tantas otras cosas, no se sabe qué vino antes, si el huevo o la gallina, vale decir, si la necesidad de huir o la vía de escape.

Año 1840
Migración europea a Estados Unidos.

Año 1945
Terminó la Segunda Guerra Mundial y millones de emigrantes viajan a América, especialmente judíos.

Año 1966
Migración de balseros cubanos hacia Florida en Estados Unidos.

Año 1989
Derriban el muro de Berlín. Millones de europeos orientales cruzan las fronteras comunistas.

Año 1990
Migraciones masivas desde el Tercer Mundo a países industrializados.

Año 1995
Final de la Guerra de los Balcanes. Huidas intensas de bosnios, servios y croatas.

Año 2009
Probable base permanente en la Luna.

Año 2024
¿El hombre en Marte?

Año 1830
Un ferrocarril a vapor cubre la ruta Liverpool - Manchester.

Año 1839
Charles Goodyear inventa el caucho vulcanizado.

Año 1858
Invento de la hélice de navegación.

Año 1885
Primer automóvil con motor de combustión interna.

Año 1914
Inauguran el Canal de Panamá.

Año 1930
Primeros vuelos transoceánicos.

Año 1937
Inventan en Gran Bretaña el motor a reacción.

Año 1969
Neil Armstrong llega a la luna con el cohete Saturno V.

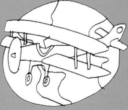

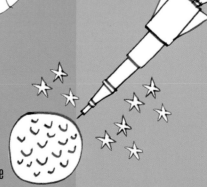

No solamente las aves y los salmones emprenden largas migraciones, también los seres humanos nos desplazamos por el planeta para satisfacer necesidades materiales o cumplir anhelos de nuestro espíritu inquieto.

Si dejamos volar nuestra imaginación (único método a mano para adentrarnos en el remoto pasado), podremos ver oleadas de gente que hace más de 50 mil años partió de Asia y, después de mucho errar, cruzó el estrecho de Bering para llegar al vasto territorio americano.

Nuestros antepasados, poseedores no sólo de instinto sino de la chispa de la inteligencia, se dieron cuenta de que los cambios climáticos ahuyentaban a los animales que les servían de alimento. Su comida huía del frío y tenían que correr tras ella.

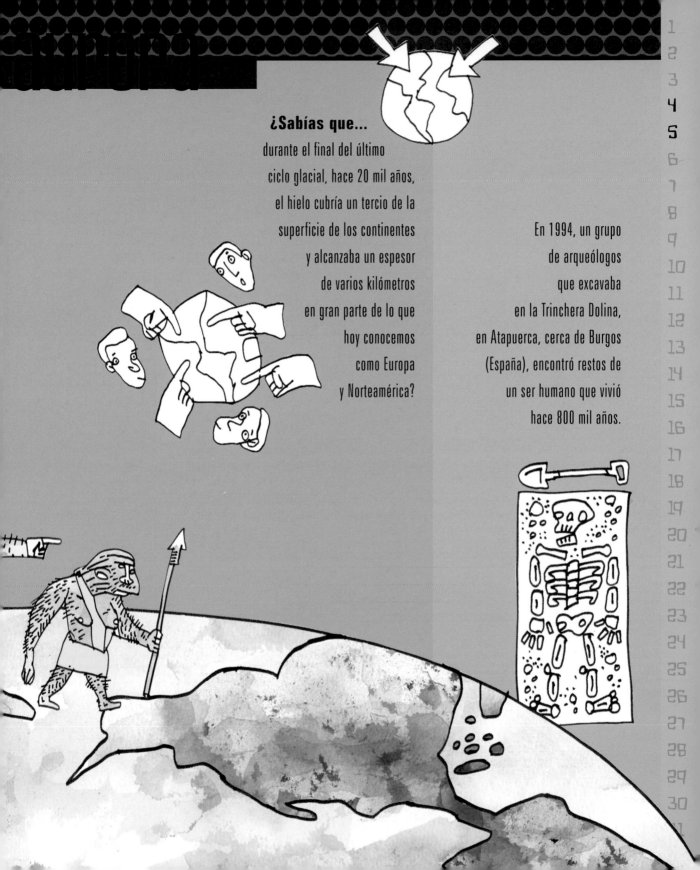

¿Sabías que...
durante el final del último
ciclo glacial, hace 20 mil años,
el hielo cubría un tercio de la
superficie de los continentes
y alcanzaba un espesor
de varios kilómetros
en gran parte de lo que
hoy conocemos
como Europa
y Norteamérica?

En 1994, un grupo
de arqueólogos
que excavaba
en la Trinchera Dolina,
en Atapuerca, cerca de Burgos
(España), encontró restos de
un ser humano que vivió
hace 800 mil años.

Qué tal si nos organizamos

Muchísimos años transcurrieron antes de que se formaran
los primeros asentamientos humanos. En sus largos recorridos,
las hordas migratorias se habían desplegado por toda la superficie
del planeta, y el encuentro con regiones fértiles, de abundantes ríos
y rebaños, les proporcionó las condiciones para hacer un alto
en el camino, sustituyendo la caza por la agricultura y el pastoreo.
Así, los seres humanos pasaron de ser nómadas a sedentarios.
En esas primeras comunidades, muy sencillas en sus comienzos,
hallamos los orígenes de lo que hoy conocemos como
el Estado moderno.
Pero el viaje sin fin de las migraciones no se detuvo: nuestros lejanos
antepasados impulsados por nuevas necesidades, o por simple deseo
de poder, volverán su mirada hacia la conquista y colonización de
territorios desconocidos.

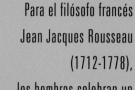

¿Qué mueve a los humanos
a organizarse en sociedades?
Esta es una pregunta
que ha preocupado
a los más sesudos pensadores
desde la antigüedad. El filósofo griego
Aristóteles (384-322 a.C.)
pensaba que los hombres
«por naturaleza» tienden a vivir
en sociedad.

El inglés
Thomas Hobbes (1588-1679), quien
también era filósofo, es más duro con
nosotros al decir que «el hombre es
el lobo del hombre», y por eso
no tiene más remedio que hacer un
pacto de convivencia
y dejarse gobernar por un monarca
si quiere sobrevivir.

Para el filósofo francés
Jean Jacques Rousseau
(1712-1778),
los hombres celebran un
«contrato social entre ellos»
porque, aunque son buenos
por naturaleza, la sociedad
los corrompe y necesitan
un Estado y un gobierno
que controle esta
desgracia humana.

1
2
3
4
5
6
7
8
9
10
11
12
13
14
15
16
17
18
19
20
21
22
23
24
25
26
27
28
29
30
31

¡Vamos a expandirnos!

Una vez asentados en comarcas y aldeas, los protagonistas
de esta historia de migraciones emprendieron expediciones
y guerras de conquista y colonización.

Navegantes y guerreros de la antigüedad realizaron incesantes
viajes de expansión, lo que quiere decir que se fueron a vivir
a otras tierras distintas a aquellas donde habían nacido. Entre los
años 750 y 550 a.C., por ejemplo, los griegos desplegaron una fuerte
actividad colonizadora en las costas del Mediterráneo, motivada
especialmente por la escasez de tierras fértiles en sus territorios.
Las consecuencias de ello han sido inconmensurables.

Y es que cuando del *ir y venir* de las migraciones se trata, es difícil
afirmar que alguien gana o alguien pierde. El inmigrante y su anfitrión
dan y reciben algo; inevitablemente
aprenden y crecen en el contacto
con «el otro».

La influencia de la antigua Grecia sigue estando presente en el mundo de hoy. Dio origen a lo que conocemos como «la cultura occidental»: un cúmulo de costumbres, de formas de pensar y razonar, de conocimientos fundamentales en filosofía, en ciencia, en arte, que nos hacen herederos directos de Aristóteles, Fidias, Pericles...

Alejandro Magno fue enviado a la guerra por su padre a los 16 años. Con el deseo de difundir la cultura griega, entre los años 334 y 323 a.C. formó un imperio que abarcó Asia Menor, Grecia, Libia y Egipto.

La *Ilíada* canta las guerras y conquistas de los griegos en Asia Menor y Egipto. Narra —dice su autor, Homero— «la cólera de Aquiles» y su combate con Héctor durante la Guerra de Troya, provocada por el joven Paris al raptar a la bella Helena.

No es lo mismo *migración* que *viaje*. En las migraciones se parte del lugar donde se ha nacido para vivir, por muchos años o por siempre, en otro. Llamamos *emigrantes* a los que se van, e *inmigrantes* a los que llegan.

Una península y muchas

Los más antiguos pobladores de la Península Ibérica provenían
del norte de África. Más tarde llegaron otras migraciones:
fenicios, griegos, iberos, celtas, romanos, cartaginenses, visigodos,
judíos y árabes.

Estos últimos ocuparon España desde el año 711 hasta 1492,
cuando fueron expulsados por los cristianos. Los árabes, profundos
conocedores del álgebra y la astronomía, legaron a posteriores viajeros
instrumentos como el astrolabio, que luego fue perfeccionado
por los grandes navegantes portugueses.

Muchos años antes que los cultos y refinados árabes, habían llegado
los romanos a la Península. Dejaron una amplia red de carreteras
y sembraron en los campos ibéricos lechugas, cebollas,
pepinos y ajos; sin contar deliciosas frutas como
las ciruelas oriundas de Damasco,
los melocotones traídos de
Armenia o la mandarina
de China.

migraciones

Los celtas eran pueblos nómadas que comenzaron a desplazarse por Europa en una gran migración desde 1700 a.C. En el año 800 a.C., cuando comienza la Edad de Hierro, ya habían llegado a la Península Ibérica. Fueron los primeros en emplear el metal para elaborar armas, utensilios y adornos.

El 31 de marzo de 1492 los Reyes Católicos, Fernando e Isabel, dieron cuatro meses de plazo a los judíos para que abandonaran España o se convirtieran al cristianismo. Aquella fue una de las tantas migraciones en la historia del ir y venir de los judíos, un pueblo que ha tenido que desplazarse muchas veces.

La fundación de Cádiz, primera ciudad española, se debe a los fenicios, un pueblo próspero de atrevidos navegantes. Con ellos llegó la escritura y también nuevas técnicas de explotación minera.

El descubrimiento de América, en 1492, produjo un extraordinario
cambio en la vida y el alma de los europeos y entre los habitantes
del Nuevo Mundo. El encuentro con «el otro», de cultura tan diferente,
era como para amellarle la espada al más osado conquistador
y torcerle la flecha al nativo más fiero. Una y otra parte estaban
frente a algo insospechado. Tal como si hoy nos encontráramos
con habitantes de otro planeta.

Españoles, ingleses, portugueses, franceses, cruzaron el Atlántico
en busca de mejor fortuna. Esta migración, una de las más grandes
aventuras de la humanidad, aunque en sus comienzos causó
la desaparición de numerosos pueblos indígenas, con el tiempo
ha sido fuente de valiosas riquezas culturales para ambos continentes.
Y más aún: nació una nueva cultura, mezclándose las lenguas,
costumbres, alimentos, sueños
y, por supuesto,
las etnias.

Investigaciones recientes apuntan que cerca de 240 mil hombres y mujeres de España llegaron al Nuevo Mundo en el siglo xvi, y que en el siglo siguiente el número aumentó a 460 mil. Un tercio eran mujeres.

No todos emigraban a América para hacerse ricos. Cerca de diez millones de esclavos africanos fueron traídos para trabajar en las haciendas. Los arrancaban a la fuerza de sus aldeas y viajaban encadenados como animales en los llamados *barcos negreros*.

¡Entre historiadores te veas!
Bastante se ha escrito sobre el encuentro —o «encontronazo»— de los españoles y los nativos americanos, y en muchas cosas los historiadores están de acuerdo. Pero cuando se trata de la *leyenda negra* y la *leyenda dorada*, en las que se les da mayor importancia a los aspectos negativos o positivos de la conquista, nunca paran de discutir.

1
2
3
4
5
6
7
8
9
10
11
12
13
14
15
16
17
18
19
20
21

El sueño americano

Entre la última década del siglo XIX y la primera mitad del XX, la costa este norteamericana fue escenario de uno de los más impresionantes desplazamientos migratorios de la humanidad.

Al sureste de Nueva York, cerca de Manhattan, se encuentra *Ellis Island* (la isla de Ellis), a través de la cual, en 1947, entraron a ese país casi 20 millones de inmigrantes. Viajaban en barcos de vapor como sardinas en lata, pero eso no importaba: iban llenos de esperanza porque llegarían a la tierra de las grandes oportunidades.

Luego, la Segunda Guerra Mundial trajo nuevas razones para migrar. A partir de su estallido, los europeos *van y vienen* por todo el continente americano con una gran carga de dolor: huyen de las guerras, del racismo, de la intolerancia política y religiosa, de las hambrunas...

Actualmente, Estados Unidos sigue siendo la gran esperanza para muchos que buscan mejor suerte, en especial para los latinoamericanos.

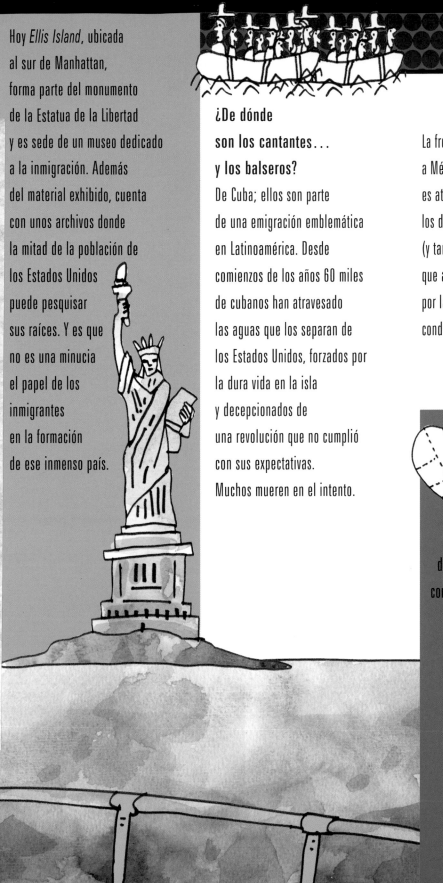

Hoy *Ellis Island*, ubicada al sur de Manhattan, forma parte del monumento de la Estatua de la Libertad y es sede de un museo dedicado a la inmigración. Además del material exhibido, cuenta con unos archivos donde la mitad de la población de los Estados Unidos puede pesquisar sus raíces. Y es que no es una minucia el papel de los inmigrantes en la formación de ese inmenso país.

¿De dónde son los cantantes… y los balseros?

De Cuba; ellos son parte de una emigración emblemática en Latinoamérica. Desde comienzos de los años 60 miles de cubanos han atravesado las aguas que los separan de los Estados Unidos, forzados por la dura vida en la isla y decepcionados de una revolución que no cumplió con sus expectativas. Muchos mueren en el intento.

La frontera que separa a México de su vecino rico del norte es atravesada ilegalmente todos los días por cientos de mexicanos (y también centroamericanos) que arriesgan la vida impulsados por la ilusión de mejorar sus condiciones económicas.

La gran Nueva York está formada por pequeños barrios con personalidad y estilo de acuerdo con el origen de sus habitantes: Harlem, conocido como el barrio de los afroamericanos; *Little Italy* (la pequeña Italia) sitio de encuentro de los descendientes de italianos; el barrio chino, donde se concentra una representación de esa milenaria cultura asiática; el barrio latino, lugar que convoca a todo inmigrante nacido en el sur del continente, entre el Río Grande y la Patagonia. ¡Una ciudad para todos los gustos!

El viaje inverso

Desde que el almirante Cristobal Colón dio su primer paso en la isla La Española, y hasta el día de hoy, se han establecido en Latinoamérica inmigrantes de todos los países de Europa, en su gran mayoría de España, Italia y Portugal, con sus cargamentos de aceite de oliva, longanizas y espaguetis.

Pero a partir de los años 70 del siglo XX el viaje se ha hecho al contrario.

Acosados por las dictaduras de países como Argentina o Chile, o por las penurias económicas, muchos latinoamericanos deciden emigrar a Europa. Hijos y nietos de inmigrantes ya arraigados en el «Nuevo Mundo» se marchan al viejo continente en busca de libertad y mejor nivel de vida, con sus panes de maíz, su mate, dulce de leche y chiles picantes, para seguir, fusionando sabores, costumbres y etnias.

Típico dictador latinoamericano. **¿Sabes quién es? (*)**

También los sentimientos van y vienen

La antropología estudia los estados de *arraigo* y *desarraigo* en el alma del emigrante. Arraigo significa «echar raíces»; y es que, como el árbol en la tierra, el inmigrante se enraíza en su segunda patria tal como lo estuvo en su lugar de origen. No obstante, mientras se da este proceso, sufre de desarraigo al extrañar con amor y nostalgia su patria natal, y no poder todavía considerar como suyo el país que ha elegido para vivir.

Abuelos y bisabuelos de muchísimos latinoamericanos de hoy fueron inmigrantes. El desarrollo de las industrias agrícola, ganadera y vinícola de un país como Argentina, así como el auge de la construcción y el comercio en Venezuela, se deben en gran parte a la inmigración de españoles e italianos.

(*)
- Anastasio Somoza
- Fidel Castro
- Rafael Videla
- **Augusto Pinochet**
- Alfredo Stroessner

Andrew Grove (Hungría, 1936). Cofundador de la famosa empresa de informática Intel Corporation. Emigró a Estados Unidos y estudió ingeniería química. Actualmente es presidente del Consejo de Administración y alto ejecutivo de Intel.

Walter Gropius (Alemania, 1883 - Estados Unidos, 1969). Uno de los más grandes arquitectos del siglo XX. Abandonó Alemania a comienzos del régimen nazi, pasó por Inglaterra y se radicó definitvamente en Estados Unidos.

Albert Einstein (Alemania, 1879 - Estados Unidos, 1955). Genio creador de la teoría de la relatividad. En 1933 emigra a Norteamérica obligado por la persecución de los nazis alemanes a los judíos.

María Zambrano (España, 1904 - 1991). Una de las más brillantes filósofas del siglo XX. Al finalizar la Guerra Civil española se refugió en México, Cuba, Puerto Rico, Italia y Francia. Regresó a España en 1984.

Rubén Blades (Panamá, 1948). Abogado, cantante de salsa, compositor y actor que también ha incursionado en la política.

Galería de inmigrantes

Andy García (Cuba, 1956). Actor de cine y consecuente divulgador de la música afrocubana. Llegó a Miami a la edad de 5 años junto con su familia que huía del régimen de Fidel Castro.

Gloria Stefan (Cuba, 1957). Una de las cantantes latinas más famosas del mundo, llegó a Miami a la edad de 16 meses cuando sus padres emigraron de Cuba.

Celia Cruz (Cuba, 1924 - Estados Unidos, 2003). Exiliada de la Cuba castrista y nacionalizada norteamericana, ha sido la más grande estrella vocal femenina del género de la salsa.

Álvaro Mutis (Colombi[a], 1923). Narrador y poe[ta] de extensa obr[a], galardonado con el Prem[io] Cervantes en 200[1]. Vive en Méxic[o] desde 195[6].

Igor Stravinsky (Rusia, 1882 - Estados Unidos, 1971). Compositor, máximo representante del modernismo en la música. En 1910 se traslada a Francia y en 1939, por causa de la Segunda Guerra Mundial, a Estados Unidos.

Carlos Santana (México, 1947). Excelso guitarrista y una de las míticas estrellas del *rock*. Vive en Estados Unidos desde hace varias décadas y en el año 2000 obtuvo nueve premios Grammy.

Quién es quién

En muchos casos, el ir y venir de los emigrantes ha dotado a los países receptores de verdaderos genios. No son pocos los inmigrantes o sus descendientes que han sobresalido por sus descubrimientos, sus creaciones u otros aportes a la humanidad. Aunque en el círculo de las migraciones —no podía ser de otra manera— también nos topamos con algunos granujas. Pero no son únicamente los genios —y menos los pillos— quienes vienen y van, sino millones de seres anónimos, que han puesto su corazón, sus conocimientos y su trabajo en la construcción del país que los acogió y en el que levantaron su familia. Y como no pierden el amor por los que allá quedaron ni por su tierra natal, se les hace más amplia la visión del mundo, como si el planeta se volviera más pequeño.

Albert Einstein   Dalai Lama

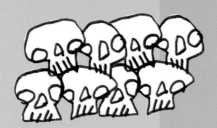

¿Quién no recuerda haber escuchado, leído o visto una película sobre los desmanes del bárbaro Atila, o los crímenes de los nazis que se escondieron en América después de la Segunda Guerra Mundial? Todos ellos tienen en común ser inmigrantes.

Los antropólogos toman prestado un concepto de la pesca y hablan de *emigración de arrastre*. Es cuando un inmigrante sirve de enlace a otro, formando una especie de cadena en la que un amigo o familiar, ya instalado en el país receptor, envía noticias a su pueblo natal entusiasmando a otros para que se le unan.

Celia Cruz

Julio Cortázar

Henry Kissinger

Mario Vargas Llosa (Perú, 1936). Uno de los más altos representantes de la literatura actual en lengua hispana. En 1993, después de haber sido derrotado en las elecciones presidenciales del Perú, optó por la nacionalidad española.

Humberto Fernández Morán (Venezuela, 1924 - Suecia, 1999). Médico y científico. Inventor del bisturí de diamante y creador del primer centro científico tecnológico de Latinoamérica. Emigró de su país natal por problemas políticos.

Alfredo Di Stéfano (Argentina, 1926). Conocido como la saeta rubia, es, junto a Pelé, Maradona y Cruyff, una de las cuatro superestrellas de la historia del fútbol mundial. Hizo de España su segunda patria y en 1956 tomó esa nacionalidad.

Charles Chaplin (Inglaterra, 1889 - Suiza, 1977). Genio emblemático del cine mudo y pionero de la industria cinematográfica. Emigró a Estados Unidos en 1910, de donde tuvo que partir muchos años después debido a problemas políticos.

Rudolf Nureyev (Rusia, 1938 - Francia 1993). Una de las grandes estrellas del ballet del siglo xx; se afirma que bailó todos los papeles estelares. Huyó del sistema socialista ruso.

Dalai Lama (Tíbet, 1935). Líder político y espiritual del pueblo tibetano. Por la invasión de China, en 1959, se refugia en la India, seguido por un éxodo de 120 mil tibetanos.

1 2 3 4 5 6 7 8 9 10 11 12 13 14 15 16 17 18 19 20 21 22 23 24 25 26 27 28 29 30 31 32

Arnold Schwarzenegger (Austria, 1947). Ídolo de películas de acción, debe su gloria a la saga *Terminator*. Por su carrera cinematográfica se radicó en Estados Unidos, pero luego se aficionó a la política y fue electo gobernador de California (Estados Unidos).

Luis Buñuel (España, 1900 - México, 1983). Controversial cineasta español. En 1938 salió de su patria para escapar de la censura del régimen franquista. Vivió en Estados Unidos y luego en México, donde se nacionalizó.

Martina Navratilova (Checoslovaquia, 1956). Salió del bloque socialista y se nacionalizó norteamericana. Es una de las mejores tenistas de todos los tiempos, con 18 torneos de *Grand Slam*.

Julio Cortázar (Bélgica, 1914 - Francia, 1984). Admirado y querido tanto por su gran obra literaria como por su cálida personalidad, llegó a Argentina, el país de sus padres, a los cuatro años de edad. En 1951 se estableció definitivamente en París.

Hannah Arendt (Alemania, 1906 - Estados Unidos, 1975). Filósofa, una de las pensadoras políticas más importantes del siglo xx. En 1933 se exilia en París, pero de allí vuelve a huir a Estados Unidos por causa de la persecución nazi.

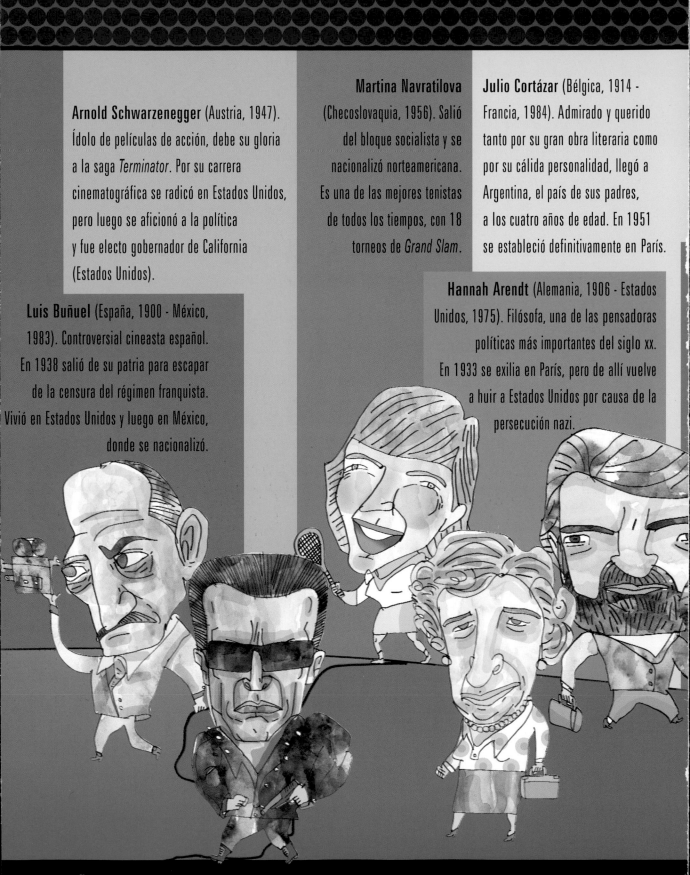

¿Hacer la Europa?

Tras la caída del muro de Berlín en 1989 y el desplome del bloque de países socialistas, una oleada de emigrantes de la antigua Unión Soviética se desplaza hacia los países europeos más occidentales. Ellos, como muchos africanos, árabes y latinoamericanos, ven en la Unión Europea un manto protector capaz de asegurarles las condiciones de sobrevivencia y de ansiada libertad que sus países de origen parecieran negarles. Podemos imaginarnos, entonces, que la composición social de la futura Europa ofrecerá nuevas y enormes riquezas culturales. No obstante, esta convivencia no es nada fácil. A las diversas dificultades legales que deben superar los inmigrantes, se suman serios problemas sociales como la xenofobia, el racismo, las diferencias políticas y religiosas, que muchas veces pueden llegar a extremos de gran violencia.

Puede ser que la mayoría de los habitantes del viejo continente se consideren «europeos», pero con más fuerza sentirán que son franceses, españoles o alemanes, o más aún, catalanes, vascos o escoceses. La cultura no puede uniformarse, y si así fuera, no solamente la vida resultaría muy aburrida, sino también bastante pobre.

El ideal de la creación de la Unión Europea nació en 1957, y se ha materializado con la desaparición de fronteras interiores, y la implementación tanto de la ciudadanía europea como de la moneda única (el euro). Esto, entre otras cosas, significa que puedes estudiar una carrera universitaria cursando cada año en un país distinto de ese continente. Imagina que gracias a vivir en Europa puedes hablar varias lenguas y tener amigos en muchos lugares.

INMIGRACIÓN

ESPANALIA

El círculo eterno

Nunca como en nuestros días los inmigrantes han tenido que pasar tantas pruebas e inconvenientes.

Mudarse a otro país no resulta nada divertido ante la serie de requisitos legales cada vez más estrictos y difíciles de superar. Muchos no llegan a cumplirlos, y si consiguen establecerse en el lugar escogido, les toca sobrevivir como «ilegales», realizando trabajos muy mal pagados que ya nadie quiere hacer. Sufren el temor de ser descubiertos, y también el rechazo de aquellos que, incapaces de entender el dolor que implica abandonar la patria, la familia y los amigos, olvidan que, en el eterno círculo de las migraciones, hoy te toca a ti y quizás mañana a mí. Hay quienes emigran por sed de aventuras o conocimientos; otros por ser perseguidos políticos. Pero las grandes migraciones se deben a necesidades materiales más concretas y urgentes que no siempre se logran satisfacer.

I'M AN ALIEN, AN ILEGAL ALIEN, LATINOAMERICANO ILEGAL EN NEW YORK.

Con las guerras se fue haciendo indispensable la defensa de los derechos humanos de aquellos que huyen del horror y la muerte. ACNUR (Alto Comisionado de las Naciones Unidas para los Refugiados), organización creada en 1950 con el fin de ayudar a las víctimas de la Segunda Guerra Mundial, asistió en el año 2000 a 22,3 millones de desplazados, de los cuales el 80% eran mujeres y niños.

La violación del derecho a la vida y las operaciones de limpieza étnica durante la Guerra de los Balcanes (1991-1999) contrastaron con la pasividad de la Comunidad Económica Europea, pues ésta no actuó con la misma eficacia con que maneja sus asuntos internos. El escritor Mario Vargas Llosa señala que «la parálisis con que la Unión Europea asistió a la tragedia de los Balcanes es una prueba dramática de la necesidad de despertar esas conciencias aletargadas, sumidas en la complacencia o la indiferencia...».

A veces las migraciones se dan dentro de un mismo país. En Colombia, por ejemplo, los campesinos abandonan sus tierras amenazados por los grupos guerrilleros y paramilitares. Entonces los vemos deambular por las grandes ciudades pidiendo limosnas, porque no pueden integrarse, ni encontrar una ocupación que reemplace lo que saben hacer: trabajar la tierra.

1
2
3
4
5
6
7
8
9
10
11
13
16
17
18
19
20
21
22
23
24
25
26
27
28
29
30
31
32

En la palma de una mano

Si bien las migraciones se inician en la aurora de la humanidad, desde entonces no hemos cesado de transitar por el globo terráqueo y éste se nos hace tan pequeño, que pareciera caber en la palma de una mano.

La aparición de Internet y la televisión por cable ha hecho posible acceder fácilmente a la información sobre otros países, gentes y costumbres. Y, aunque no puedan sustituir la aventura de iniciar una vida en otro lugar, son un estímulo a la migración y a la sensación de vivir en un mundo sin fronteras. Los futuros emigrantes pueden pescar en la red datos útiles sobre formularios de residencia, requisitos legales, ofertas de trabajo, cursos de idioma... y hasta los deportes más practicados en el país elegido.

Todo esto es parte de lo que hoy conocemos como globalización.

La colaboración y los negocios entre los países son tan antiguos como ellos mismos. Desde el primitivo trueque directo, hasta el día de hoy, el hombre ha conocido, a través de procesos cada vez más elaborados y, por qué no, más simples, distintas maneras de hacer negocios y de intercambiar conocimientos.

Amartya Sen, Premio Nobel de Economía, se pregunta: «¿Es la globalización una nueva maldición occidental?», y responde lo siguiente: «No es nueva ni necesariamente occidental, tampoco se trata de una maldición... Durante miles de años, la globalización ha contribuido al progreso del mundo a través de los viajes, el comercio, las migraciones».

¿Qué pasaría si de la noche a la mañana cada país decidiese ir por su lado, independientemente de los otros, y no compartir, por ejemplo, los descubrimientos científicos? No somos adivinos, pero conjeturamos que buena parte del mundo se quedaría en el atraso más absoluto.

La próxima frontera

El lugar que ocupamos en el Universo y hacia dónde va la humanidad
han sido, desde hace varios siglos, materia de estudio de científicos
y filósofos. Asimismo, el encuentro con extraterrestres ha servido
de tema para fascinantes obras de la literatura y el cine.

La antigua inquietud por encontrar otros mundos habitados
en el Universo, hoy se ha convertido, quizás, en el más tentador
enigma científico. El hombre enfoca su mirada hacia el espacio exterior
no con el propósito de cazar mariposas, sino con el de descubrir
la existencia de recursos naturales, facilitar la vida para el ser humano
en otros planetas y llegar algún día a establecer colonias.

Y aquí, dejemos volar nuestra fantasía para «volver al futuro»
e imaginarnos cómo serán las migraciones de aquellos que busquen
un mejor destino en un lugar fuera de la Tierra.

Desde la última década
del siglo XX se inicia una nueva era
de exploraciones utilizando
una muy sofisticada tecnología.
Sondas espaciales en Marte
o en una de las lunas de Júpiter,
o robots-todo-terreno como el *Spirit*
(lanzado por los Estados Unidos
como parte de la misión *Mars
Exploration Rover*, que se posó sobre
el planeta rojo el 3 de enero de 2004)
son parte de esta nueva tecnología
dirigida a la conquista
del espacio
exterior.

La posibilidad del hallazgo
de otras formas de vida impulsa
al hombre a rastrearlas por todo el
Universo. La antigua inquietud
de conocimiento está unida
a la certeza de que siempre habrá
más mundos que explorar. Al contrario
de lo que dicen nuestras abuelas,
ni con lupa, ni con telescopio,
ni con microscopio,
lo hemos visto todo.

En 1950 Ray Bradbury
publica sus muy famosas
Crónicas marcianas, donde narra
la migración masiva de humanos
a Marte. Hombres y mujeres
que pretenden trasladar allá
su cómoda vida norteamericana,
parten en plateados cohetes
cual decididos colonizadores,
poco dispuestos, sin embargo,
a respetar la
cultura que
encontrarán
en el planeta
extraño.

Palabras clave

Astrolabio: instrumento que mide la elevación de los astros sobre el horizonte con el fin de deducir la hora y la latitud.

Bárbaros: así llamaban los romanos a los pueblos que vivían fuera del Imperio Romano, en especial los del norte y noroeste de Europa, que invadieron el Imperio a partir del año 200 d.C.

Desplazados: personas que tienen que abandonar el lugar donde viven para trasladarse a otro territorio por causa de guerras, persecuciones raciales o religiosas, epidemias o catástrofes naturales.

Leyenda negra: conjunto de críticas y acusaciones en contra de España en relación con la conquista y colonización de América, por vilezas y crímenes cometidos contra los indígenas.

Leyenda dorada: difundida por quienes consideran a la leyenda negra una calumnia y, por el contrario, elogian la grandeza de la empresa española en Hispanoamérica.

Limpieza étnica: acción de violencia contra una etnia con el propósito de excluirla, discriminarla o exterminarla.

Nómada: persona o grupo humano que va de un lugar a otro en busca de alimento y cobijo sin establecerse definitivamente en sitio alguno.

Racismo: exacerbación del sentido racial de un grupo étnico, especialmente cuando convive con otro u otros a quienes considera inferiores.

Refugiado: persona que por causa de la guerra o persecución política «se refugia» en un país que no es el suyo y el cual ha aceptado recibirlo.

Sedentario: contrario a nómada. Se aplica a la persona o población que permanece quieta y asentada en algún lugar.

Xenofobia: odio, desprecio, hostilidad o repugnancia hacia los extranjeros. El xenófobo es la persona que siente —y generalmente exterioriza— esa fobia.

Referencias clave

Sitios en Internet

- www.nationalgeographic.com/ngm/0001
- www.elpais.es
- www.expoexodos.com/pres/expo07.htm
- www.monografias.com/trabajos12/rosalia/rosalia.shtml
- news.bbc.co.uk/hi/spanish/latin_america/newsid_2018000/2018239.stm
- Si algunas de estas páginas ha caducado, sólo coloca la palabra emigrantes en tu buscador para encontrar más información.

Libros

- Ray Bradbury. *Crónicas marcianas*, Barcelona, Editorial Minotauro, 1989.
- Peter Carter. *El Sentinels*, Madrid, Ediciones SM, 1984.
- Blaise Cendrars. *El oro*, Madrid, Editorial Anaya, 1987.
- Cristóbal Colón. *Textos y documentos completos*, Madrid, Alianza Editorial, 2003.
- Heródoto. *Historia*, Madrid, Editorial Gredos, 1999.
- Thor Heyerdahl. *La expedición de la Kon-Tiki*, Barcelona, Editorial Juventud, 1982.
- Judith Kerr. *Cuando Hitler robó el conejo rosa*, Madrid, Editorial Alfaguara, 1995.
- Rosemary Sutcliff. *Aquila, el último romano*, Madrid, Ediciones SM, 1985.

Películas

- *Los diez mandamientos (The Ten Commandments)*, dirigida por Cecil B. De Mille, Estados Unidos, 1956.
- *2001: una odisea del espacio (2001: A Space Odissey)*, dirigida por Stanley Kubrick, Estados Unidos, 1968.
- *Buenos muchachos (Goodfellas)*, dirigida por Martin Scorsese, Estados Unidos, 1990.
- *Carlota Joaquina, Princesa de Brasil (Carlota Joaquina, Princesa do Brasil)*, dirigida por Carla Camurati, Brasil, 1995.
- *Un horizonte muy lejano (Far and Away)*, dirigida por Ron Howard, Estados Unidos, 1992.

Este libro fue producido en Venezuela e impreso en septiembre
de 2005 en los talleres gráficos de D'Vinni, Bogotá, Colombia,
con un tiraje de 3.000 ejemplares.